AF319640

# BASSIN DE LA BASSE LOIRE

## RAPPORT GÉNÉRAL

sur

# LA CONCESSION DES MINES DE HOUILLE

## des TOUCHES et de MOUZEIL

par

V.-F. BROHÉE, Ingénieur civil des Mines

1892

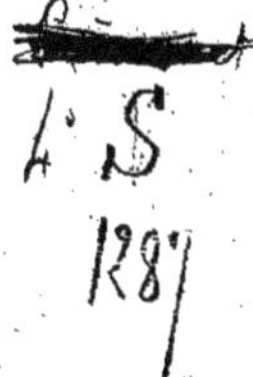

# TABLE



# PLANS

# MINES DE HOUILLE DES TOUCHES ET DE MOUZEIL

## RAPPORT GÉNÉRAL

### HISTORIQUE

Les mines des Touches ont été exploitées principalement par voie d'affermage de 25 ans qui a expiré en 1877. L'écoulement était à peu près nul avant le nouveau chemin de fer de Nantes à Ségré-le-Mans qui a été ouvert en 1885, il se bornait à la seule consommation locale qui était de 4 à 500 quintaux de charbon par jour. Encore cette minime quantité était-elle disputée vivement par les deux exploitations concurrentes et voisines des Touches et des mines de la Tardivière, hameau de la commune de Mouzeil. Toutes deux ne possédaient alors que ce faible débouché et le prix de vente par suite n'était que de 15 francs par tonne sur le carreau des puits. En outre de l'impossibilité avant 1885, de pouvoir écouler une quantité suffisante, — ce qui entraînait un coût de revient onéreux, — et à prix de vente plus considérable, l'exploitation des mines des Touches avait lieu d'une façon primitive par des fermiers manquant des capitaux nécessaires et n'ayant aucun intérêt direct à une bonne et définitive installation. Elle a laissé beaucoup à désirer comme direction confiée à un simple ouvrier mineur, connaissances techniques, établissement de travaux qui étaient insuffisants ou mal répartis ; néanmoins des profits étaient encore réalisés et qui eussent été permanents sans ces diverses circonstances. Ils auraient atteint un chiffre élevé si une vente plus étendue avait été possible et si une direction plus habile avait existé. Aujourd'hui les conditions de vente, d'écoulement et autres sont complètement différentes et la situation est devenue des plus favorables.

A l'expiration de l'affermage, les mines des Touches firent retour à leurs trois propriétaires ; l'un d'eux ne pouvant fournir les fonds nécessaires, elles furent à la suite d'un procès rachetées en 1883 par les deux autres propriétaires. Ceux-ci attendaient pour la reprise de l'exploitation le nouveau chemin de fer fer quand, l'année de l'ouverture de celui-ci, l'un d'eux vint à mourir. La concession appartient aujourd'hui à une seule personne qui a fait exécuter depuis plusieurs années les études et recherches ayant amené la découverte de nombreuses veines et établi l'existence d'une grande richesse houillère.

Durant l'affermage, deux puits ont été simultanément creusés, l'un dit Saint-Eugène est resté à la profondeur de 79 mètres. Au niveau de 62$^m$50 deux travers-bancs furent commencés au Nord et au Sud, le premier a été arrêté à 10 mètres du puits, le deuxième 10$^m$50, tous deux sont en plein terrain houiller.

Le second puits est celui Saint-Auguste dont les découvertes ont fait suspendre le puits Saint-Eugène à une époque où la vente, et par suite l'extraction, était forcément restreinte. Il a rencontré immédiatement une couche dite Grande-Veine de 1$^m$20, elle s'est bientôt élargie pour arriver à une puissance moyenne de 2$^m$50 et aller parfois jusqu 7 mètres. En outre de cette belle couche, deux autres veines dites veine du Milieu de 0$^m$60 et l'autre du Nord de 0$^m$90, ont été recoupées, toutes trois sur moins de 40 mètres. Ces deux dernières couches n'ont donné lieu qu'à une minime exploitation à cause de leur faible puissance comparativement à celle de la Grande-Veine ; cependant on en exploite de dimensions moindres en Belgique où la moyenne des veines utilisées est de 0$^m$50 à 0$^m$60, et où une couche d'un mètre est considérée comme offrant une épaisseur importante et rare.

Comme il est observé plus loin, l'exploitation du puits Saint-Auguste qui débuta en 1854, a reconnu une zone très favorable présentant toute certitude, et dans la continuation de laquelle les recherches exécutées depuis 1890 ont fait constater l'existence de neuf veines nouvelles de charbon gras à joindre aux trois précédentes. Si l'on ajoute à cette importante richesse minérale l'écoulement considérable qui est aujourd'hui assuré par le nouveau chemin de fer et les hauts prix de vente des charbons dans le pays, doubles de ceux payés dans le Nord et dans le Pas-de-Calais, d'autre part, la possibilité de donner aux travaux et installations les développements que peuvent apporter des propriétaires disposant des capitaux nécessaires et de mettre à profit les progrès considérables accomplis dans l'Art des mines, on appréciera que les mines des Touches se trouvent désormais et sous tous rapports dans les conditions les plus favorables pour réaliser des résultats importants et croissants. C'est ce qui est démontré plus loin.

---

## Etendue de la Concession.

La Concession des Touches possède un périmètre de 1,973 hectares qui comprend principalement le territoire des communes des Touches, Trans, Mouzeil et de Ligné. De nouvelles recherches exécutées de 1890 à fin 1891 ont démontré au Sud comme au Nord des limites présentes de la Concession, l'existence du terrain houiller ; ce dernier par suite offre aujourd'hui une largeur plus grande aux Touches que dans le reste du Bassin et probablement plus de couches. Une extension peut donc être demandée des deux côtés, ce qui permettra d'accroître encore notablement le périmètre actuel.

---

## Situation de la Concession.

Celle-ci est traversée à l'Est par le nouveau chemin de fer de Nantes à Ségré-le-Mans qui, ainsi que le montre le plan N° 1, passe au Boulay où une voie d'embarquement pourra être installée et que desservirait un tramway à établir économiquement sur l'un des accotements de la route nationale. Le passage à niveau du Boulay se trouve à 2,500 mètres du puits Saint-Auguste et à 1 200 mètres du puits Saint-Eugène.

Ligné, qui est chef-lieu de canton, a une gare distante de 5 kilom. et demi de Saint-Auguste et de Saint-Eugène ; la gare de Teillé-Mouzeil est, par routes empierrées, située respectivement de ces deux puits à 4 kilom. 500 mètres et 3 kilom. 200 mètres. On dispose par suite de plusieurs centres d'expédition.

Mouzeil est le point principal de la Concession.

## Gisement.

Le terrain houiller se rencontre à partir de 1 à 20 mètres de profondeur et affleure souvent à la surface. Il est recouvert de terre glaise et par un banc de terrain argilo-graveleux.

Le Bassin, dans la Concession des Touches, est riche par le nombre des veines qu'il renferme, leur puissance et la qualité exceptionnelle des charbons ; les couches sont, dans les parties connues jusqu'ici, toutes en *dressant*, c'est-à-dire inclinées sur 70° à 90°, comme dans tout le Bassin de la Basse-Loire. Elles sont disposées en lentilles *très* allongées et on ne saurait mieux les comparer qu'à un chapelet de boudins. Les grains de ce chapelet représenteraient des étendues ayant parfois 50 à 75 mètres, mais plus souvent 300 à 350 mètres où la couche est régulière et puissante ; ces parties de veines spécialement riches portent dans le pays le nom de *bouillards*.

Les veines ne sont pas grisouteuses.

Les *bouillards* sont séparés entre eux par des *crains* ou resserrements momentanés de la couche, ils dépassent rarement une longueur de 50 mètres, de sorte qu'on peut admettre que les *crains* et les *bouillards* se trouvent dans la proportion de 1 à 6 ou 7.

Il survient aussi parfois que dans le sens vertical des bouillards on rencontre des amincissements, mais qui sont généralement très peu importants et à tel point qu'on peut même ne pas en tenir compte dans l'estimation de la richesse minérale.

Les veines ne commencent généralement à atteindre leur puissance qu'à partir de 50 à 60 mètres, c'est ce qui a lieu aussi dans les exploitations voisines.

## Parallélisme des bouillards.

Une autre caractéristique du Bassin est le *parallélisme des bouillards*; il arrive en général que quand une veine est en régularité et puissance, ses voisines se montrent dans des conditions analogues (voir plan V). Il en est de même des *crains*. C'est d'ailleurs le cas habituel des veines en plateur.

Quoique toujours parallèles, les bouillards ne sont pas tous de même longueur et leur distribution n'est pas régie rigoureusement par une loi véritable ; des bouillards obliquent tantôt soit au Sud-Sud-Ouest, soit au Sud-Sud-Est, il s'ensuit alors que les autres bouillards parallèles peuvent être ou plus courts ou plus longs selon que les crains prennent ou non simultanément les directions Sud-Sud-Ouest et Sud-Sud-Est. Quelle que soit, d'ailleurs, la disposition des crains, sachant qu'en général leur longueur ne dépasse pas le sixième de celle des bouillards, on peut déterminer d'une façon assez approximative la richesse houillère que renferme la concession, surtout dans sa partie Est où des éléments sérieux de la plus grande importance ont été constatés, principalement depuis les recherches effectuées de 1890 à fin 1891. Presqu'au centre du Bassin se trouvent favorablement placés les puits Saint-Auguste et Saint-Eugène qui pourront, ainsi que le montrent les plans I et IV, mettre chacun en exploitation un nombre important de couches.

---

## Nombre de veines.

Le nombre de veines actuellement connues et constatées s'élève à *vingt-quatre* (voir plans I et IV). La richesse houillère et les moyens de créer un nombre important de chantiers d'abattage ne manquent donc pas pour réaliser une production importante et durable. C'est désormais une simple question de travaux préparatoires pour les puits Saint-Auguste et Saint-Eugène, et d'installation successive de nouveaux siéges dans les autres parties de la Concession.

En allant du Nord au Sud, en face, soit du puits Saint-Auguste ou de celui Saint-Eugène, on trouve d'abord la veine de la Colichetière découverte en novembre 1891 et mesurant $1^m30$ d'épaisseur ; à 60 mètres au Sud de cette première veine passe une seconde couche recoupée à la même époque et dont on n'a pu reconnaître la largeur totale à cause de l'abondance des eaux pluviales, mais en temps de sécheresse on a pu voir au moins 0m50 à 0m60 de filon. Toujours en allant au Sud et à 150 mètres de cette seconde veine passent les quatre couches qui ont été recoupées au petit puits du pont Guiton, dit Saint-Charles, et dont la puissance était comprise entre 0m60 et 1m20.

A 200 mètres au Sud du pont Guiton on rencontre les quatre veines de la Bourgonnière qui sont : la veine du Nord, la veine du Puits, la veine du Centre et la veine du Sud ayant respectivement 1m40, 0m60, 1m20 et 2 mètres de puissance en charbon. Ces veines sont actuellement en exploitation aux puits Henri et Saint-Georges de la Compagnie voisine de la Tardivière-Mouzeil.

A 150 mètres au Sud de ces couches se trouvent les trois veines qui ont été exploitées au puits Saint-Auguste : la veine du Nord, 0m60 de charbon ; la veine du Milieu, 0m90, et la Grande-Veine ayant 2m50 de puissance, mais qui parfois s'est élevée jusqu'à 7 mètres. La veine du Milieu paraît être formée par une branche de la Grande-Veine. La veine du Nord est la première rencontrée dans la grande tranchée portant le numéro deux des recherches exécutées aux Noues dans le courant de l'année 1890 (voir la plan II) ; la deuxième veine qu'on y remarque est l'affleurement de la Grande-Veine. Les autres veines du Sud, quoiqu'ayant été recoupées par une galerie à travers-bancs au niveau de 136 mètres (de Saint-Auguste), n'ont jamais été explorées.

Les cinq belles veines exploitées anciennement par les puits Neuf et Préjean de la Tardivière passent à 60 mètres au Sud environ de la Grande-Veine de Saint-Auguste.

Ces veines sont désignées sous les noms de Grande-Veine, veine Bergerette, veine du Centre, veine du Sud et veine du Mur ; leur puissance varie de 0m45 à 2m40 et plus (voir plan V).

Enfin au Sud de ces dernières couches on trouve celles découvertes en 1890 au Gressin au nombre de six dont la puissance varie de 0m70 à 2m50, et parmi lesquelles on remarque les *Berthauderies* de Montrelais, où elles ont atteint jusque 10 mètres de puissance (voir plan III). D'autres veines existent et que l'avenir fera connaître

Les neuf veines constatées *officiellement* en 1890 et celles découvertes depuis, pourraient être facilement, et à peu de frais, reconstatées à nouveau, les points où elles ont été recoupées étant connus.

## Nature des charbons et emplois.

Toutes ces veines indistinctement sont, dans la Concession des Touches, en charbon **gras** contenant, d'après l'analyse officielle qui a eu lieu en 1890 au laboratoire de l'Ecole des mines de Paris, de 22 à 26,4 % de matières volatiles. Les charbons du puits Saint-Auguste, suivant une analyse faite précédemment au même laboratoire, contiennent 28,66 % de matières volatiles et seulement 8,33 % de cendres. Ces houilles conviennent donc aux principaux usages tels que pour la fabrication du gaz, du coke et de la briquette, pour la forge, la verrerie, le chauffage des générateurs et des foyers domestiques, etc.

La qualité grasse des charbons des mines des Touches est rare et recherchée dans la Région de l'Ouest où on n'exploite presque partout que des houilles maigres et des anthracites (¹). Ils étaient préférés dans le pays à ceux de la Tardivière, malheureusement l'absence alors de chemin de fer et les frais énormes de transport par voiture, ne permettaient de les vendre que dans un faible rayon.

Il est constant que plus on va à l'Ouest du Bassin et plus les charbons deviennent gras. Ainsi ceux des Berthauderies renferment à Montrelais 15 et 16 % de matières volatiles, dans la Concession des Touches où lesdites veines des Berthauderies ont été découvertes en 1890 au Gressin, distant de 22 kilom. des puits de Montrélais, l'analyse officielle constate 26,4 % de matières volatiles.

---

## Evaluation de la richesse minérale.

Dans cette évaluation, pour rester dans les limites de la plus extrême prudence qui a toujours présidé dans nos calculs d'estimation, nous ne tiendrous compte que des neuf veines découvertes et constatées officiellement en 1890 aux lieux dits : le Gressin d'une part et des Grandes-Noues de l'autre ; ces couches possèdent une puissance *minimum* de 11 mètres. Nous n'admettons aussi qu'une profondeur *minimum* de 500 mètres quoiqu'elle doive être supérieure à 1.000 mètres. La longueur de 8,500 mètres environ de la concession est ramenée à 7,000 mètres formant les bouillards ou étendues principalement riches en charbon. Sur ces bases, la richesse houillère de la concession serait au Sud des puits Saint-Auguste et

---

(1) La classification des charbons a lieu suivant leur teneur en matières volatiles ; ainsi, d'après M. Olry, ingénieur en chef des Mines, les *charbons maigres* renferment de 6 à 12 o/o de matières volatiles ; les *charbons demi-gras* en contiennent de 12 à 20 o/o et les *charbons gras* de 20 à 35 o/o. La teneur des *anthracites* ne dépasse pas 6 o/o.

*(Etude des Gîtes minéraux de France).* — 1886. — Page 68.

Saint-Eugène de : 7,000$^m$ × 500$^m$ × 11$^m$ = 38,500,000$^{m3}$ ou 48,125,000 tonnes. pouvant alimenter pendant cent soixante ans une production annuelle de 300,000 tonnes.

C'est comme simple indication que nous ferons remarquer qu'au Nord desdits puits passent 12 veines connues présentant une moyenne totale de 15$^m$80 soit : 7,000$^m$ × 500$^m$ × 15$^m$80 = 55,300,000$^{m3}$ ou 69,123,000 tonnes.

Un coup d'œil jeté sur les plans I et IV suffit pour faire apprécier que la richesse houillère avec les 24 veines actuellement connues, doit atteindre un chiffre supérieur aux quantités ci-dessus de 48,125,000 et 69,123,000 tonnes. D'autres couches doivent exister, principalement dans les parties restées entièrement inexplorées.

---

## Travaux à exécuter

Deux puits, comme il est dit précédemment, ont été creusés durant l'affermage de vingt-cinq ans, l'un dit Saint-Eugène resté en fonçage à 79 mètres, à la suite des découvertes du second puits dit Saint-Auguste.

On a rencontré immédiatement à ce dernier une veine de 1$^m$20 qui a atteint ensuite une puissance moyenne de 2$^m$50. Cette belle couche présentait un *bouillard* à l'Ouest de plus de 300 mètres de longueur ininterrompue qui n'a pas été poursuivie au-delà faute de moyens d'aérage, et qui offrait encore à ses extrémités, 0$^m$90 de charbon à l'Ouest et 0$^m$30 à 0$^m$40 à l'Est. Ce bouillard a été exploité jusqu'à la profondeur de 245 mètres par dix étages successifs ; à peu de distance se succèdent au sud les neuf veines découvertes en 1890 et où le même *parallélisme* de 300 mètres doit se reproduire. Ce sont là des conditions très favorables car on se trouve, chose très importante en matière de mines. dans une zone *connue* et il suffira d'un travers-bancs pour aller mettre en exploitation à bref délai, les neuf nouvelles couches. De même pour les veines du Nord. Au delà des 300 mètres le prolongement des galeries à l'Est et à l'Ouest permettra d'atteindre de nouveaux bouillards.

Les veines du Milieu et du Nord de Saint-Auguste quoique présentant aussi des *bouillards parallèles* à celui de la Grande-Veine n'ont donné lieu qu'à une exploitation très restreinte vu leur faible puissance relativement à celle de la Grande-Veine qui suffisait.

Un petit puits de recherches a été foncé en 1890-1891 sur la Grande-Veine de Saint-Auguste, à 550 mètres à l'Est de ce dernier ; il est arrivé à la profondeur de 45 mètres en suivant la veine dont la puissance en charbon a passé de 0$^m$65 à 1$^m$20.

Le puits semble être placé sur un crain séparant deux bouillards car, dans une galerie d'allongement à l'Ouest, au niveau de 40 mètres, la veine s'est montrée de plus en plus belle et régulière au fur et à mesure de l'avancement vers l'Ouest. Il faudrait approfondir ce puits de 50 à 60 mètres et pousser vivement à l'Ouest pour entrer en plein bouillard.

Pour la reprise des travaux, la méthode la plus rationnelle et la plus avantageuse à suivre, celle qui offre des éléments de succès ne pouvant donner lieu à aucun aléa, consisterait à épuiser les eaux du puits Saint-Auguste et à le réparer jusqu'au niveau de 112 mètres. Il faudrait ensuite prolonger de 150 mètres les travers-bancs des étages de 85 et 112 mètres pour recouper les neuf veines qui viennent immédiatement au Sud de la Grande-Veine (voir plan IV), et dont quelques-unes avaient déjà été reconnues par le prolongement au Sud du travers-bancs du niveau de 136 mètres ; d'autre part, un travers-bancs creusé au Nord recouperait les douze veines qui y existent.

Un vaste champ d'exploitation, pouvant être utilisé par plusieurs niveaux, serait ainsi établi.

Les quantités de houille actuellement connues dans les zônes Sud et Nord, au centre desquelles se trouve placé le puits Saint-Auguste, peuvent suffire à une production annuelle de 100,000 tonnes pendant 48 ans. De même pour le puits Saint-Eugène.

## Production et rapport du puits Saint-Auguste

En trois mois et demi de travail, ce puits serait réparé et approprié et on se trouverait à même d'extraire au moins 20 à 25 tonnes par jour. Au bout de six mois la production s'élèverait à 50 tonnes et en dix mois, un an, avec les travers-bancs Sud et Nord recoupant nombre de veines qu'on mettrait successivement en exploitation, on arriverait à une extraction de 200 à 300 tonnes par jour, dernier chiffre qui n'a rien d'exagéré et comme durée, vu le grand nombre de couches, l'importance constatée de la richesse minérale, l'existence d'une zône étendue reconnue et la possibilité de pouvoir exploiter par différents étages à la fois.

Le gain *minimum* étant, comme on le verra plus loin, de 10 francs la tonne, le bénéfice annuel serait de 600,000 à 900,000 francs par le seul puits Saint-Auguste.

Un rapport important et croissant pourrait donc être obtenu à bref délai, circonstance rare en matière de mines où les débuts sont souvent longs, coûteux et difficiles, où on commence toujours sur les indications problématiques de simples sondages et où il faut fréquemment nombre d'années avant d'arriver à un résultat.

## Devis des dépenses à effectuer au puits Saint-Auguste

Les sommes nécessaires pour exécuter les diverses réparations et appropriations des travaux et du puits Saint-Auguste pourraient être réparties de la façon suivante :

### Surface

| | | |
|---|---|---|
| 1° Réparation des bâtiments. | Fr. | 1.500 » |
| 2° Achat et installation d'une machine d'extraction et de ses générateurs. | » | 40.000 » |
| 3° Câbles et cages d'extraction | » | 5.200 » |
| 4° Bennes à eau pour épuisement. | » | 500 » |
| 5° Guidonnage métallique | » | 5.000 » |
| 6° Châssis à molettes | » | 1.500 » |
| 7° Bureaux provisoires, magasins, forge, etc. | » | 1.300 » |
| 8° Triage abrité et grilles | » | 2.500 » |
| 9° Appareils d'éclairage pour la surface, etc. | » | 500 » |
| 10° Achat de wagonnets | » | 10.000 » |
| 11° Outils divers, bois, fers, matériel, etc, et imprévu. | » | 30.000 » |
| | Total Fr. | 98 000 » |

### Fond

| | | |
|---|---|---|
| 1° Réparation du puits Saint-Auguste et épuisement des eaux | Fr. | 20.000 » |
| 2° Réparation des galeries et creusement de 150 mètres de travers-bancs au Nord et 125 au Sud aux étages de 85 mètres et de 112 mètres, etc., fonçage du puits de descenderie | » | 61.000 » |
| 3° Achat et pose de jeux de taquets. | » | 600 » |
| 4° Chemin de fer dans les galeries réparées et les travers-bancs | » | 6.400 » |
| 5° Imprévu. | » | 14.000 » |
| | Total : Fr. | 102.000 » |

Total général : Surface et fond 98.000 + 102.000 = Fr. 200.000 »

## Coût de revient par tonne

Le prix de revient est estimé devoir être de 8 fr. 45 par tonne extraite ; il est de 8 francs à la mine voisine de la Tardivière où on exploite les mêmes veines que celles mises autrefois en production à la Bourgonnière, mais nous le portons à

10 francs afin d'être bien assuré qu'on pourra ainsi parer à toutes les éventualités possibles. Je suis convaincu qu'il sera inférieur comme le montrent les exploitations identiques des mines de Pâturages et Wasmes près Mons, du Gouffre près Charleroy où il ne dépasse pas 7 francs la tonne, et où je suis descendu ainsi qu'aux mines de la Tardivière-Mouzeil.

Le coût de revient de 10 francs pourrait être décomposé comme suit :

| SALAIRES | | BOIS | FRAIS divers | EXHAURE | TRAVAUX prépa-ratoires | TRANSPORT à la surface | FRAIS généraux | TOTAL |
|---|---|---|---|---|---|---|---|---|
| FOND | SURFACE | | | | | | | |
| F<sup>cs</sup> C<sup>t</sup> | F<sup>cs</sup> C<sup>t</sup> | F<sup>cs</sup> C<sup>t</sup> | F<sup>cs</sup> C<sup>t</sup> | F<sup>cs</sup> C<sup>t</sup> | F<sup>cs</sup> C<sup>t</sup> | F<sup>cs</sup> C<sup>t</sup> | F<sup>cs</sup> C<sup>t</sup> | F<sup>cs</sup> C<sup>t</sup> |
| 2.50 | 0.50 | 0.80 | 1.00 | 0.50 | 1.20 | 2.50 | 1.00 | 10.00 |

En se rendant compte du rôle de ces divers chiffres on voit que, pour les salaires du fond, il est porté une somme de 2 fr. 50, ce qui est *énorme*, étant donné surtout que le coût de la main-d'œuvre, qui est abondante dans le pays, est d'au moins 50 0/0 moins chère que dans le Pas-de-Calais, et que les meilleurs et quelques rares mineurs d'ici ne gagnent pas plus de 3 francs à 3 fr. 50 par jour. (1)

Les frais de boisage, 0 fr. 80, sont aussi très élevés car les terrains encaissants sont très *solides et très résistants*.

Les frais divers et d'exhaure sont aussi portés à leur plus grand maximum.

Les dépenses pour les travaux préparatoires sont exagérées, il est presque impossible de rencontrer une mine où on ait, pour une production annuelle de 50 à 100.000 tonnes, à exécuter pour **60 à 120.000 francs** de travaux consistant principalement en percement de crains, montages et descenderies en veine, creusement de travers-bancs, etc. Il en est de même des frais généraux. Les dépenses de transport par voitures et routes à la surface seraient réduites au dixième du chiffre porté par la création d'un chemin de fer à voie étroite qui relierait les puits au passage à niveau du chemin de fer de l'Ouest au Boulay près Mouzeil. Cet embranchement coûterait, avec son matériel roulant, environ 100.000 francs.

On voit par l'examen de ces détails que les chiffres ont été portés avec une largesse qui touche presqu'à la folle exagération.

---

(1) Les outils du plus ancien modèle en usage dans les mines de la Loire-Inférieure laissant à désirer, et la pratique d'un système d'abattage des plus défectueux ayant pour résultat d'occasionner un bris considérable des charbons et de les rendre malpropres, il y aura lieu de modifier et de faire revenir du Nord de la France ou de la Belgique quelques mineurs choisis pour mettre au courant ceux du pays qui sont, du reste, de bons et paisibles travailleurs.

## Prix de vente par tonne

Le coût de revient étant évalué à 10 francs, voyons ce que seront les prix de vente.

A Nantes, dont la consommation annuelle est de plus de 120.000 tonnes, les cours de vente en décembre 1891 étaient les suivants :

Charbons, suivant qualité et composition, de 26 à 30 fr. la tonne.

Coke métallurgique, » » de 35 à 40 fr. »

Briquettes, » » de 26 à 28 fr. »

Ces prix sont naturellement plus élevés en s'éloignant des ports du littoral dans la direction de Candé, Segré, Le Mans, Laval, Alençon, etc. Dans ces diverses zônes, les charbons étrangers n'arrivent qu'après un transbordement coûteux de navire à wagon qui déprécie en outre les produits, et avec des frais de transport en plus.

Les prix de vente peuvent être évalués sur le carreau de la Mine de 24 à 25 fr. en moyenne, mais pour les mêmes motifs qui nous ont fait indiquer un coût de revient de 10 fr., nous estimons le cours moyen de vente des charbons des Mines des Touches à 20 fr. seulement ; il restera ainsi un écart de 10 fr. entre ces deux chiffres qui constitue un bénéfice net et certain d'être obtenu. Il pourra être sensiblement plus élevé comme on l'a vu, et il serait encore accru en lavant mécaniquement les charbons, opération qui les rendrait d'une pureté supérieure à celle des houilles anglaises et dont on peut estimer le coût à 0 fr. 50 par tonne.

La fabrication des cokes si chers dans l'Ouest et des briquettes assurerait ce double avantage : 1° d'un accroissement du prix de vente de plusieurs francs à la tonne ; 2° d'utiliser les menus et d'augmenter ainsi la valeur marchande des charbons en nature. Déjà la clientèle de la C<sup>ie</sup> de l'Ouest assurerait sur place un écoulement important de ces deux produits comme on le verra plus loin.

---

## Bénéfices à réaliser

La production annuelle pouvant être dès les premières années, au puits St-Auguste, de 50 à 100.000 tonnes, le gain annuel serait de 500.000 francs à 1 million. On peut apprécier l'importance des profits et par suite de la plus-value des titres qui pourrait être obtenue par ce seul puits et que viendrait vraisemblablement doubler le puits St-Eugène, dont la mise en exploitation exigerait environ 300.000 fr. L'exemple des revenus et cours des valeurs houillères du Pas-de-Calais montre ce que peut devenir un charbonnage placé dans des conditions aussi favorables que les Mines des Touches, et surtout avec des prix de vente doubles de ceux existants dans le Pas-de-Calais.

### Conditions d'écoulement et de vente

L'ouverture de la ligne de Nantes à Segré, en rattachant au réseau ferré général la Concession des Touches qu'elle traverse, crée désormais, ce qui est très important et *ce qui n'existait pas auparavant*, un écoulement annuel de plusieurs centaines de mille tonnes et à prix élevés de vente, comme on peut en juger par le tableau suivant de la consommation emprunté à la dernière *Statistique officielle* publiée pour l'année 1889 par le Ministère des Travaux publics :

| DÉPARTEMENTS | CHARBONS français | CHARBONS anglais et belges | CONSOMMATION totale | PRIX MOYEN de la TONNE (1) |
|---|---|---|---|---|
| | tonnes | tonnes | tonnes | Fr C |
| Loire-Inférieure . . . | 13.800 | 447.900 | 461.700 | 24 88 |
| Sarthe. . . . . | 20.000 | 106.100 | 126.100 | 30 25 |
| Mayenne . . . . | 50.700 | 47.500 | 98.200 | 24 14 |
| Orne . . . . . | 12.300 | 78.800 | 91.100 | 30 » |
| Ille-et-Vilaine . . | 1 000 | 111.200 | 112 200 | 30 05 |
| Maine-et-Loire . . | 41.100 | 130.100 | 171.200 | 27 16 |

D'après la même statistique, le prix moyen de vente dans le Pas-de-Calais était à la même époque (1889) de 12f50 et dans le Nord de 12f34, ou de près moitié moins par tonne !

Suivant le même document, la Cie des chemins de fer de l'Ouest, qui aura tout intérêt à s'approvisionner sur place et à développer son trafic, a consommé en 1889 les quantités suivantes :

*Houilles*, 91.773 tonnes ; *cokes*, 35.047 tonnes ; *briquettes*, 327.123 tonnes. Total, 453.943 tonnes.

---

(1) Ces prix ont encore augmenté sensiblement depuis 1890. Ils représentent la moyenne des cours de toutes les variétés de houilles, mais comme les charbons maigres et les anthracites se vendent principalement dans la Sarthe, la Mayenne et le Maine-et-Loire où on les exploite, à un prix notablement inférieur à celui des houilles grasses, en réalité le cours de ces dernières dans les six départements ci-dessus est plus élevé que le prix moyen officiel.

Le prix actuel de transport dont on pourra demander l'abaissement, est, de la gare de Ligné, de 8 fr. 16 par tonne, pour Alençon ; de 6 fr. 25 pour Le Mans et de 5 fr. 48 pour Laval.

La carte des chemins de fer de l'Ouest (librairie Chaix, rue Bergère, 20, Paris ; prix : 1 franc), montre les voies d'écoulement et indique les gares de Ligné et Teillé-Mouzeil.

Le réseau de l'Ouest aboutit à Nantes située à 32 kilomètres de la gare de Ligné (des Touches), et distance tarifée 2 fr. 10 la tonne. La nouvelle ligne de Nantes à Segré est exploitée depuis 1886 par la Compagnie de l'Ouest.

Pour développer encore davantage la production, ce que permet le grand nombre de couches, un second puits pourrait être creusé au Sud de St-Auguste, un troisième au Nord. Ensuite, divers autres siéges pourraient être successivement creusés à l'Ouest et à l'Est, dans des zônes où les 24 veines déjà connues passent forcément sur une longueur de 8500 mètres, et auraient été explorées, c'est-à-dire sans aucun *aléa*.

Pour le puits St-Eugène qui se trouve à 1500 mètres à l'Est de Saint-Auguste et au même centre des veines que ce dernier puits, il suffirait d'en continuer le fonçage sur 40 à 50 mètres, et de créer un 1er étage d'exploitation au niveau de 120 mètres, creuser un travers-bancs au Nord et au Sud pour recouper les veines de charbon aujourd'hui connues. De même pour le puits des Grandes Noues, situé à 550 mètres à l'Est de Saint-Auguste, qu'il faudrait approfondir et développer à l'Est et à l'Ouest.

Les éléments divers de consommation et à hauts prix de vente ne manquent donc pas, ainsi que la richesse minérale.

Il résulterait de ces divers développements une production importante que permet un écoulement désormais assuré, grâce au nouveau chemin de fer, et, par suite, des bénéfices élevés et des plus-values considérables. Pour rémunérer à 5 °/o un capital de deux millions, soit 100.000 fr., il suffirait de la faible extraction de 35 tonnes par jour à 10 francs. Il n'existe donc en réalité aucun *aléa*.

---

## Capital social

Le capital actions, ou partiellement en obligations émises plus tard ou immédiatement, pourrait être porté successivement ou de suite à 3 ou 4 millions, la Concession permettant l'établissement de cinq siéges principaux de production, de fabriques de cokes et de briquettes, d'un chemin de fer pour se relier à la Compagnie de l'Ouest, etc. Au moyen de la perforation mécanique, on pourrait recouper de nouvelles veines, reconnaître plus rapidement les meilleures zônes et arriver ainsi en quelques années à une grande extraction.

On peut se borner pour le début à la mise en exploitation du puits Saint-Auguste dont le devis est indiqué précédemment ainsi que les résultats élevés qu'on retirerait de ce premier puits.

On appréciera que les actions pourront atteindre progressivement ou à bref délai, suivant les développements qui seront donnés, les cours des principaux charbonnages du Nord et du Pas-de-Calais où, au début, on était loin de s'attendre à recueillir des bénéfices aussi élevés que ceux réalisés depuis et avec des cours de vente de charbons de moitié inférieurs à ceux existants dans l'Ouest de la France. Cette différence énorme jointe à la qualité spéciale des charbons qui fera rechercher ces derniers, assurés d'un écoulement considérable avec le nouveau chemin de fer, constitue une marge importante, une grande cause de sécurité pour les capitaux qui seraient employés, et de gain élevé.

Des résultats peuvent être obtenus en peu de temps et à peu de frais vu l'existence de puits et travaux permettant de produire à bref délai et, d'autre part pour de nouveaux puits, la proximité de la formation houillère ainsi que l'absence absolue de niveau d'eau.

Ces conditions actuelles et d'avenir permettent une mise rapide en valeur de toute la Concession en présence d'une consommation régionale considérable.

Cinq siéges à 100,000 tonnes de production moyenne annuelle donneraient 500,000 tonnes, dont on peut apprécier le gain direct auquel il y aura lieu d'ajouter les profits élevés qui résulteront de la fabrication des cokes et briquettes ainsi que du lavage mécanique des charbons.

# RÉSUMÉ

Les recherches que j'ai effectuées depuis plusieurs années dans la Concession des Touches ont amené la découverte de nombreuses veines et démontré l'existence d'une grande richesse minérale. C'est la première et principale base acquise. Les charbons ont été constatés être de nature grasse, propres à des emplois multiples, c'est une qualité rare et recherchée dans l'Ouest de la France où les houilles se vendent à des prix doubles de ceux des charbonnages du Pas-de-Calais dont les actions donnent lieu, néanmoins, à des revenus et plus-values considérables ; de là une marge importante de gain et l'absence complète de tout *aléa* surtout que déjà une faible production procurerait des bénéfices rémunérateurs. Le nouveau chemin de fer de Nantes à Ségré-le-Mans en traversant la Concession et en la rattachant à un réseau ferré de plusieurs milliers de kilomètres, ouvre désormais, en place des faibles besoins locaux d'autrefois, de vastes débouchés et crée un écoulement indéfini au loin et économique puisque la consommation de six départements pouvant maintenant être facilement approvisionnés, dépasse, d'après la *Statistique officielle*, un million de tonnes fournies en majeure partie par l'étranger. Celui-ci n'arrive qu'après avoir payé des droits de douane et des frais considérables de transport ainsi que de transbordement dépréciant en outre les produits. A elle seule la consommation de la Compagnie de l'Ouest suffirait pour le placement de plusieurs centaines de mille tonnes.

La situation est donc aujourd'hui, et sous tous rapports, bien différente de celle qui existait avant l'ouverture du nouveau chemin de fer.

L'estimation du coût de revient à 10 francs et du prix de vente à 20 francs a été faite sur des bases très modérées pour parer à toute éventualité quelconque, et je suis convaincu que le gain de 10 francs par tonne sera sensiblement dépassé. Ce bénéfice élevé est très rare en fait de charbonnages, il pourra être accru avec la fabrication des cokes et briquettes, et le lavage mécanique des charbons.

A ces conditions favorables vient se joindre la possibilité de se servir immédiatement, et à peu de frais relativement, de puits et travaux existants, d'obtenir par suite, surtout dans une zone déjà connue, certaine, — élément très précieux en matière d'exploitation de mines de houille et donnant toute sécurité — à veines nombreuses, une première extraction qui procurerait, à bref délai, des rapports et des plus-values notables. Celles-ci atteindraient progressivement les résultats des meilleurs charbonnages du Pas-de-Calais, les conditions étant plus avantageuses dans la Loire-Inférieure et le bénéfice plus élevé par tonne dans ce dernier département,

Les éléments de succès sont donc exceptionnels et désormais incontestables. Une simple extraction de 35 tonnes par jour à 10 francs de gain suffirait déjà pour rémunérer, à 5 %, un capital de deux millions, et 300 tonnes par le seul puits Saint-Auguste où un bouillard étendu existe avec nombreuses veines constatées, donneraient pour 300 jours 90,000 tonnes, soit un premier profit annuel de 900,000 francs ou l'intérêt à 5 % d'une somme de 18 millions.

La mise en exploitation du puits Saint-Eugène, en grande partie creusé, permettrait vraisemblablement de doubler ce rapport, et il est à remarquer que le périmètre actuel de la Concession autorise l'établissement de cinq siéges principaux de production lesquels, à 100.000 tonnes en moyenne, donneraient annuellement et pendant plus d'un siècle 500,000 tonnes dont on peut, à 10 francs de gain par tonne, apprécier les bénéfices et les plus-values qui en résulteraient.

De considérables et récents progrès encore restreints en grande partie aux charbonnages du Nord de la France et de la Belgique, ont été réalisés dans l'art des mines, ils ont transformé les conditions de travail de ces dernières. L'un des principaux réside dans le développement donné à la production de chaque siége, celle-ci dépasse en moyenne aujourd'hui dans le Nord de la France 100,000 tonnes grâce à la multiplication des chantiers d'abattage au fond, à l'installation de machines plus puissantes et au guidonnage des puits, les avantages obtenus sont importants. Certains siéges sont arrivés à extraire 250,000 tonnes et même 300,000.

Pour ne citer qu'un exemple des progrès accomplis, il y a trente ans la Compagnie d'Anzin retirait en moyenne par puits 40,000 tonnes, aujourd'hui 150,000.

Des résultats analogues peuvent être obtenus là où la richesse houillère est suffisante, les couches assez nombreuses, les charbons de nature grasse et où un écoulement important est assuré. Ce sont là aujourd'hui les conditions des mines des Touches où l'on peut appliquer par suite les moyens d'installation et les méthodes de grande et économique production du Nord de la France.

*L'Exposé* qui précède a pour but d'appeler l'attention des personnes pouvant disposer des capitaux nécessaires (500,000 francs à un million espèces) pour la mise en exploitation des mines des Touches par la constitution d'une Société qui, comme tout l'indique, serait appelée à réaliser rapidement des résultats rémunérateurs et croissants.

V.-F. BROHÉE

Ingénieur civil des Mines,

à MOUZEIL (Loire-Inférieure).

PL. I. PLAN DE LA CONCESSION DES MINES DE HOUILLE DES TOUCHES (LOIRE-INFÉRIEURE)
SUPERFICIE : 1,973 HECTARES
Longueur de la concession : 8 kilomètres 1100 mètres
Largeur de la concession : 2 kilomètres 1100 mètres
Echelle de un millimètre pour dix mètres
Limites de la concession : A, B, C, Q, P, O et A
NORD
SUD
OUEST
EST
TERRITOIRE DE TRANS
TERRITOIRE DES TOUCHES
TERRITOIRE DE LIGNÉ
Concession des Mines de houille de Montrelais


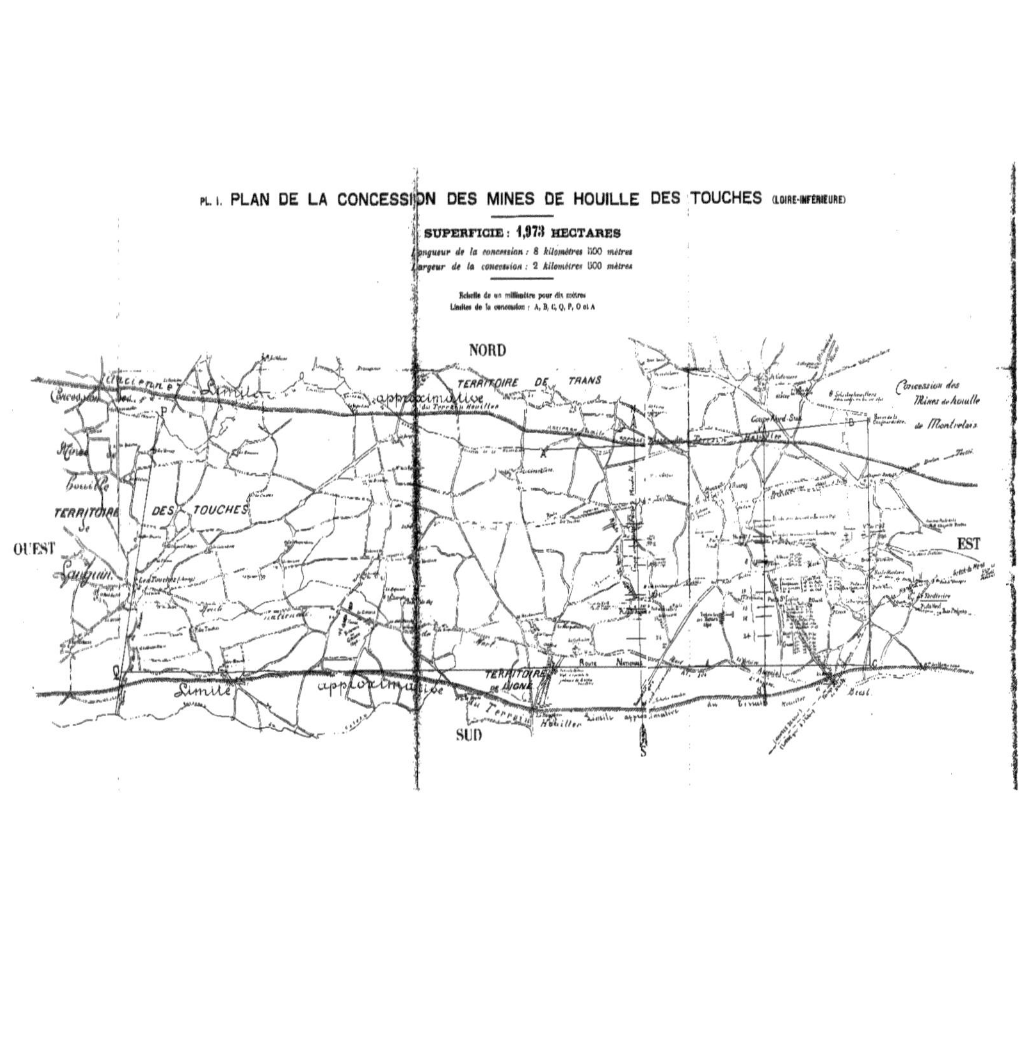

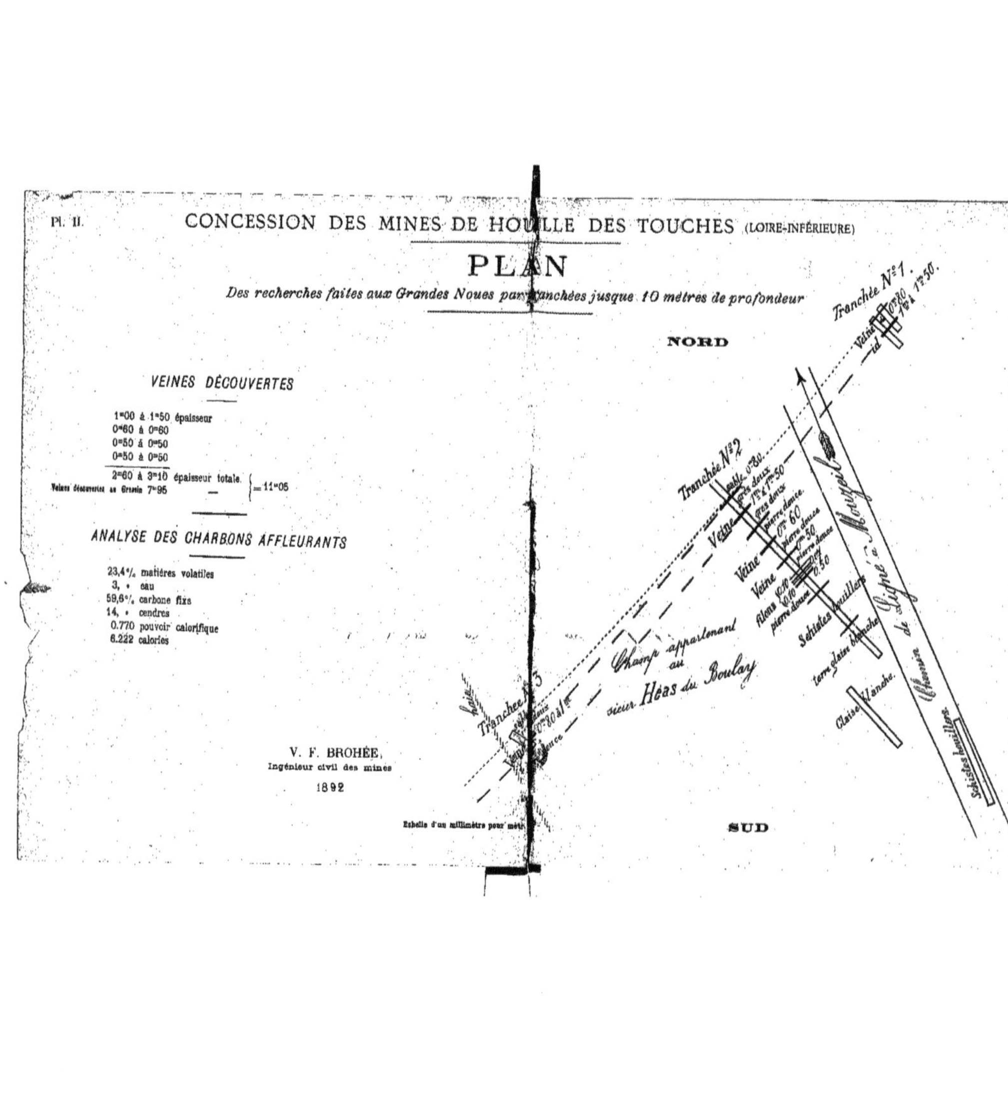
Pl. II.
CONCESSION DES MINES DE HOUILLE DES TOUCHES (LOIRE-INFÉRIEURE)
PLAN
Des recherches faites aux Grandes Noues par tranchées jusque 10 mètres de profondeur
NORD
SUD
VEINES DÉCOUVERTES
1m00 à 1m50 épaisseur
0m60 à 0m60
0m50 à 0m50
0m50 à 0m50
2m60 à 3m10 épaisseur totale.
= 11m05
ANALYSE DES CHARBONS AFFLEURANTS
23,4 % matières volatiles
3, » eau
59,6 % carbone fixe
14, » cendres
0.770 pouvoir calorifique
6.222 calories
V. F. BROHÉE,
Ingénieur civil des mines
1892
Echelle d'un millimètre pour mètre
Tranchée N°1.
Tranchée N°2
Tranchée N°3
Champ appartenant au sieur Héas du Boulay
Schistes houillers
Glaise blanche
terre glaise blanche
Chemin de Ligné à Mouzeil

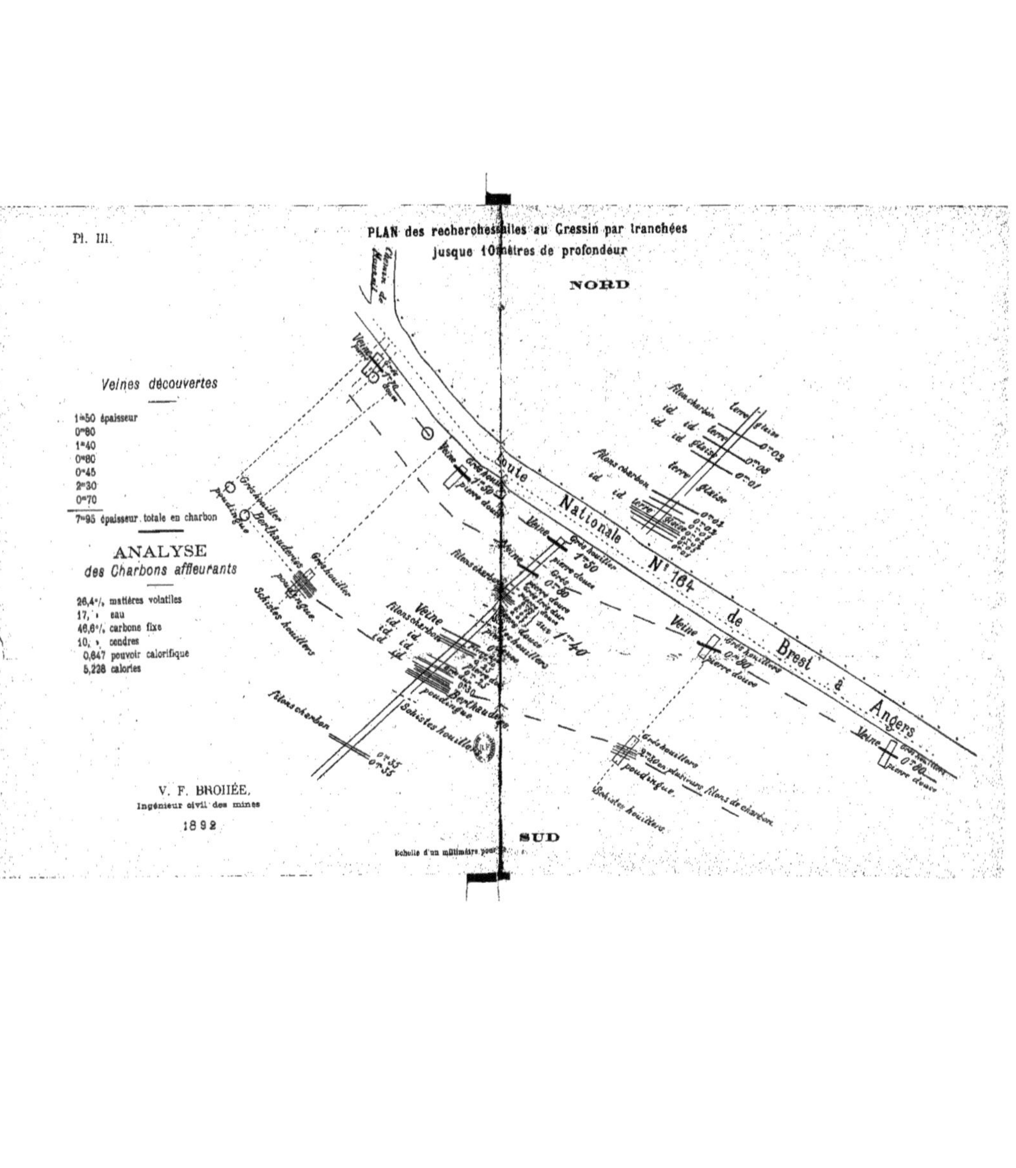

Pl. III.
PLAN des recherches faites au Gressin par tranchées
jusque 10 mètres de profondeur
NORD
Veines découvertes
1m50 épaisseur
0m80
1m40
0m80
0m45
2m30
0m70
7m95 épaisseur totale en charbon
ANALYSE
des Charbons affleurants
26,4 % matières volatiles
17, » eau
46,6 % carbone fixe
10, » cendres
0,647 pouvoir calorifique
5,228 calories
V. F. BROHÉE,
Ingénieur civil des mines
1892
SUD
Échelle d'un millimètre pour
Route Nationale N° 164 de Brest à Angers
Schistes houillers
Berthaudières
poudingue
Grès houiller

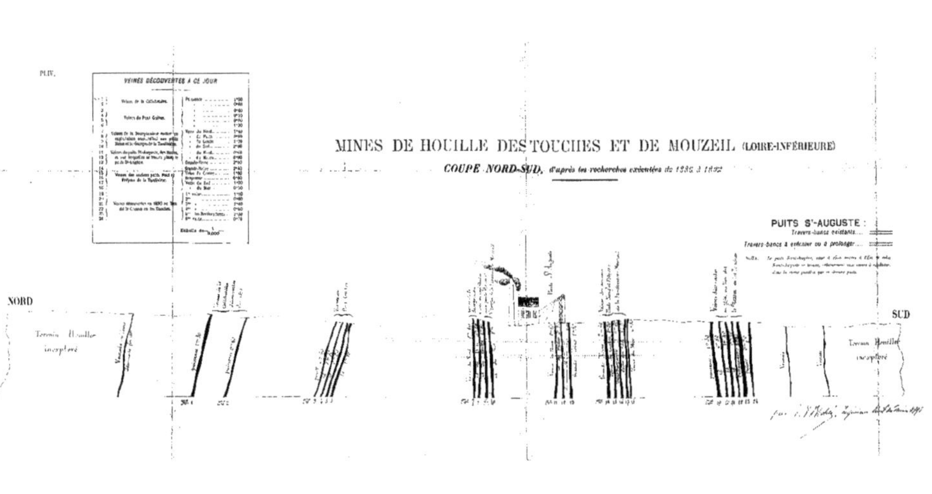


PL.IV.
MINES DE HOUILLE DESTOUCHES ET DE MOUZEIL (LOIRE-INFÉRIEURE)
COUPE NORD-SUD, d'après les recherches exécutées de 1835 à 1892
NORD
SUD
Terrain Houiller inexploré
Terrain Houiller inexploré
VEINES DÉCOUVERTES A CE JOUR
PUITS ST-AUGUSTE :
Travers-bancs existants
Travers-bancs à exécuter ou à prolonger

Pl. V
BASSIN HOUILLER DE LA BASSE-LOIRE
MINES de la TARDIVIÈRE-MOUZEIL
Coupe Nord-Sud dressée en 1874 par M. H. Bunel fils, Sous-Directeur des travaux.
Nord
Puits Neuf
Puits Parfait
Puits Préjean
Sud
Echelle 1/1000

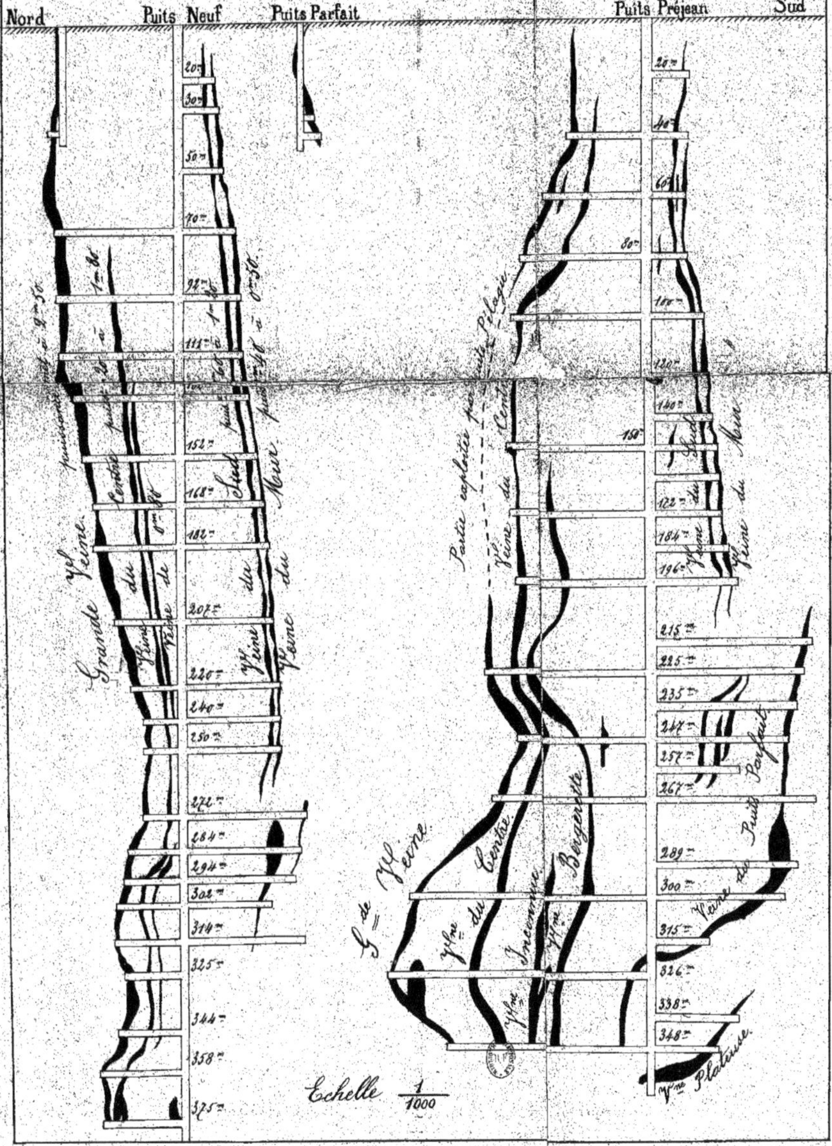

MINISTÈRE
DES TRAVAUX PUBLICS

Arrondissement minéralogique du Mans

Sous-arrondissement de Nantes

Département : Loire-Inférieure.

N° 310

OBJET :
MINES DES TOUCHES

*Nantes, le 16 mai 1890.*

# Procès-Verbal de l'Ingénieur ordinaire

Le 26 avril 1890, je soussigné, Ingénieur des Mines, chargé du sous-arrondissement minéralogique de Nantes, ai visité les travaux entrepris depuis quelque temps dans la concession houillère des Touches, j'étais accompagné par M. Brohée, Ingénieur-Directeur.

L'exploitation des Mines des Touches, abandonnée depuis 1875, avait été faite par plusieurs puits, dont le plus important était le puits Saint-Auguste, situé près du village de la Corbinière, en la commune de Ligné. C'est dans la région de ce puits qu'une première série de travaux d'exploration ont été entrepris. Ils consistent en un certain nombre de tranchées à ciel ouvert, perpendiculaires à la direction des couches, approfondies en forme de petits puits sur les affleurements de houille.

Dans toutes ces tranchées le terrain houiller se rencontre à 1 mètre ou à 1$^m$50 de profondeur, au-dessous d'une couche d'argilo-graveleuse qui succède à la terre végétale. Il se compose de schistes et de grès qu'on peut abattre à la pioche, suffisamment consistants cependant pour ne nécessiter qu'exceptionnellement un soutènement qu'on obtient au moyen de palplanches maintenues par des bois transversaux.

Le même système est employé dans les puits au charbon qu'on fonce jusqu'à 8 mètres environ de profondeur.

Une première tranchée, longue de 140 mètres et creusée un peu à l'ouest du puits Saint-Auguste et au sud des couches anciennement exploitées, n'a fait découvrir aucun effleurement.

Une autre grande tranchée de 120 mètres de longueur ouverte au lieu dit la Grande Noue, sur le prolongement oriental des couches connues du puits Saint-Auguste, en un point où un petit commencement d'exploitation eut lieu vers 1868, a permis de reconnaître les têtes de plusieurs couches exploitables ; la principale, de 1ᵐ50 de puissance, a été retrouvée à l'est et à l'ouest de ce point, dans deux petites tranchées situées à 150 mètres de la grande et poussées jusqu'à 8 mètres de profondeur. Le charbon de cette région paraît être de la houille assez grasse, il brûle très bien au feu de forge avec une longue flamme épaisse.

Une autre série de tranchées a été ouverte à 3 kilom. 500 mètres plus à l'ouest près du village du Gressin, dans les mêmes conditions que celles ci-dessus décrites. On y a trouvé également plusieurs couches encaissées dans du grès, deux d'entre elles, de 1ᵐ50 et 0ᵐ80 de puissance ont été reconnues sur 50 mètres, l'une à l'est, l'autre à l'ouest de la grande tranchée médiane. Ce groupe de couches paraît différent de celui de la Grande Noue et probablement plus méridional. Le charbon en est plus maigre et beaucoup plus léger. Il donne au feu de forge une flamme assez longue aussi, mais beaucoup plus claire, et sensiblement moins de chaleur.

Le nombre d'ouvriers employés est de dix-sept à la Grande Noue et douze au Gressin ; la conduite des travaux ne semble devoir donner lieu à aucune observation.

L'Ingénieur des Mines,

(Signé) BOCHET.

Vu : *Le Mans, 17 mai 1890.*

L'Ingénieur en chef des Mines,

(Signé) PERRIN.

MINISTÈRE
des
**TRAVAUX PUBLICS**

SERVICE DES MINES

Sous - Arrondissement minéralogique
de
NANTES

Nantes, le 17 mai 1890.

Monsieur,

J'ai l'honneur de vous adresser copie des résultats d'analyse qui viennent de m'être adressés par le Bureau d'essai de l'École des Mines :

|  | Le Gressin | La Grande Noue |
|---|---|---|
| Eau . . . . . . . . . . | 17,0 | 3,0 |
| Matières volatiles . . . . . | 26,4 | 23,4 |
| Carbone fixe . . . . . . . . | 46,6 | 59,6 |
| Cendres. . . . . . . . . | 10,0 (argileuses jaunes) | 14,0 (blanches) |
| Coke. . . . . . . . . . | non aggloméré | bien aggloméré, non boursouflé |
| Pouvoir calorifique comparé à celui du carbone pur . . . | 0,647 | 0,770 |
| Correspondant à calories . . . | 5,228 | 6,222 |

Je serai heureux de visiter la nouvelle découverte dont vous me parlez ; mais je dois m'absenter toute la semaine prochaine, puis serai retenu à Nantes la fin du mois. Ensuite si vos tranchées ne sont pas comblées, je pourrai vous aller voir.

Veuillez agréer, Monsieur, l'assurance de ma considération la plus distinguée.

L'Ingénieur des Mines,
Signé : BOCHET.

*Monsieur BROHÉE, directeur des Mines des Touches.*

# CHARBONNAGES

*Voici le cours, au 31 décembre dernier, des Valeurs houillères du Pas-de-Calais*

| CHARBONNAGES de | NOMBRE d'actions ou parts | SOMME versée par titre | Somme totale versée | COTE de la BOURSE de Lille au 31 décembre 1891 | VALEUR totale actuelle | PLUS-VALUE | MOINS-VALUE | Dernier revenu |
|---|---|---|---|---|---|---|---|---|
| | | Francs | Francs | | | | | |
| Bruay | 3.000 | 400 | 1.200.000 | 12.200 | 36.600.000 | 35.400.000 | » | 800 |
| Bully-Grenay | 18.000 | 167 | 3.000.000 | 3.190 | 57.420.000 | 54.420.000 | » | 125 |
| Carvin | 3.945 | 500 | 1.972.500 | 1.595 | 6.292.275 | 4.319.775 | » | 80 |
| Courrières | 20.000 | 85 | 1.700.000 | 4.210 | 84.200.000 | 82.500.000 | » | 200 |
| Dourges | 1.800 | 1.000 | 1.800.000 | 10.200 | 18.360.000 | 16.560.000 | » | 350 |
| Drocourt | 3.400 | 1.000 | 3.400.000 | 3.400 | 11.560.000 | 8.160.000 | » | 75 |
| Ferfay | 3.500 | 750 | 2.625.000 | 820 | 2.870.000 | 245.000 | » | 20 |
| Fléchinelle | 2.000 | 1.000 | 2.000.000 | 160 | 320.000 | » | 1.680.000 | » |
| Lens | 3.000 | 300 | 900.000 | 25.500 | 76.500.000 | 75.600.000 | » | 1.100 |
| Liévin | 2.916 | 1.000 | 2.916.000 | 9.750 | 28.431.000 | 25.515.000 | » | 350 |
| Meurchin | 4.000 | 500 | 2.000.000 | 5.275 | 21.100.000 | 19.100.000 | » | 350 |
| Marles (Société des 70%) | 1.600 | 1.500 | 2.400.000 | 23.590 | 37.744.000 | 35.344.000 | » | 1.162 |
| Marles (Société des 30%) | 800 | 125 | 100.000 | 15.750 | 12.600.000 | 12.500.000 | » | 1.174 |
| Nœux-Vicoigne | 4.000 | 1.000 | 4.000.000 | 20.000 | 80.000.000 | 76.000.000 | » | 1.000 |
| | | | 30.013.500 | | 473.997.275 | 415.663.775 | | |

La création de concessions perpétuelles de mines en France en divisant la propriété en deux domaines, l'un de la surface et l'autre du sous-sol, a constitué un monopole d'autant plus avantageux qu'il s'agit d'une matière indispensable dont la consommation déjà importante, ne peut que se développer largement.

Avec l'extension qu'est appelé à prendre le travail mécanique qui n'est qu'à son début, avec l'ouverture incessante de nouvelles voies de communication et l'abaissement des tarifs de chemins de fer encore si élevés, la consommation est destinée à prendre partout des proportions considérables, en France surtout où elle n'est encore annuellement que de 900 kilogs par tête alors qu'en Belgique elle est de 2.500 kilogs, et en Angleterre de 5.000.

On atteindra certainement un jour la Belgique et alors notre consommation houillère sera de 82 millions de tonnes. Les bénéfices énormes réalisés par les mines de houille et la certitude d'un écoulement rémunérateur puisque nous sommes encore obligés d'emprunter chaque année, à l'étranger, 10 millions de tonnes représentant une sortie de 150 millions de francs, devraient provoquer la création de nouvelles exploitations de houilles dans nos régions de France où un écoulement suffisant existe, où de nouveaux chemins de fer ont fait naître ce dernier.

Les mêmes profits seraient recueillis comme dans le Nord de la France, et peut-être plus considérables si les prix de vente étaient plus élevés. Ceux-ci sont, dans le Nord de 20 % plus importants qu'en Belgique sur le carreau des mines, et de 70 % en ce qui concerne l'Angleterre.

On peut apprécier par le tableau qui précède les sommes considérables acquises par les actionnaires de la première heure des charbonnages du Pas-de-Calais, et les mêmes résultats seraient réalisés dans nos autres régions de France où le manque de capitaux, d'initiative et de connaissances minières a empêché jusqu'ici ou entravé l'exploitation de la houille.

Les considérables progrès accomplis dans l'art des mines dans le Nord de la France pourraient être appliqués dans nos autres bassins encore fort en retard, ils assurent désormais le succès de tout charbonnage du moment, bien entendu, où une certaine richesse minérale existe et où il y a certitude d'un écoulement suffisant à cours de vente rémunérateurs.

(*Progrès du Nord* du 7 janvier 1892)

www.ingramcontent.com/pod-product-compliance
Ingram Content Group UK Ltd.
Pitfield, Milton Keynes, MK11 3LW, UK
UKHW021017120726
13693UKWH00005B/2044